MOTIVACE

Jakub Tenčl

Sborník motivačních textů

Tisk ve společnosti Project s.r.o.

Kniha je v distribuční síti:
Kosmas s.r.o., Lublaňská 34, 120 00 Praha 2.

Copyright © 2019 by Jakub Tenčl
Návrh obálky: Jakub Tenčl
Vydavatel Primedia E-launch LLC
Vydáno v Praze v září 2019.
Jazyková korektura: Mgr. Lucie Šťastná

Kniha je dostupná v knihovnách.

ISBN: 978-1-64669-224-8

OBSAH

Nevzdávejte se............................ 1

Dokážete to 9

Musíte si věřit..........................17

Sebevědomí..............................23

Deprese....................................29

Dlužíte si to.............................39

NEVZDÁVEJTE SE

Chci, abyste to věděli, bez ohledu na to, kde se v životě nacházíte... Bez ohledu na to, jak se cítíte... Bez ohledu na to, jak je vaše situace bezútěšná... Toto není KONEC.

To není konec vašeho příběhu.
Toto není poslední kapitola vašeho života.

Vím, že to teď může být těžké.
Ale pokud se vzdáte...
Vydržte...

Zůstaňte se mnou na chvíli...
Uvidíte, že tento těžký okamžik odejde a pokud se tak už musíte cítit, využijte to k posílení svého charakteru, nalezení většího smyslu. Časem

uvidíte, že můžete svůj život změnit a poté pomáhat ostatním procházet tím, čím jste si sami prošli.

Svět je uprostřed krize duševního zdraví. Téměř polovina populace v určité fázi svého života trpí depresí.

Radši než se připojit k těm, kteří trpí depresí, je důležité, abychom zjistili, proč se tak cítíme, a pak, jak to můžeme změnit, protože i když to tak nevypadá, negativní pocity si vytváříme sami. Můžeme však zajistit, že změníme náš život a staneme se pozitivní vzorem pro ostatní.

Důvod k depresi vždy vychází z myšlenek a přesvědčení, které máme.

Řeknu to znovu.

Důvod k depresi vždy vychází z myšlenek a přesvědčení, které máme.

Pokud jsem přesvědčen, že jsem tlustý, hrozný, ošklivý a nehodný lásky, budu s největší pravděpodobností v depresi.

Pokud uvažuji stylem „Musím být ve vztahu a být bohatý, abych byl šťastný", můžu pak být v depresi, pokud toho nedosáhnu.

Jde o to, že každý, kdo je v depresi, je v ní proto, že existuje vnější faktor, který se v životě neuskutečnil. To znamená, že ztratil něco mimo svou kontrolu, nebo má něco, co je mimo jeho kontrolu.

Jediný způsob, jak dosáhnout změny, je pracovat na sobě, každý den. Ve škole se učíme, jak získat práci, ale nikdo nás neučí, jak žít šťastný život. Nikdo nás neučí, jak jsou důležité naše vědomé a nevědomé myšlenky a asociace.

Má naše štěstí větší hodnotu než práce?

Ano, to má.

A než řeknete, že štěstí nezaplatí vaše účty, řeknu já: štěstí zaplatí vaše účty. Když si uvědomíte, že budete cítit 10x více energie, soustředění a že uděláte pozitivní krok ve vašem životě, když si stanovíte vlastní rozvoj jako vaši prioritu, pak se vám svět otevře a vy můžete dosáhnout všeho, co v něm je.

Někteří lidi nechtějí mít přístup ke všemu, co je ve světě, mají pocit, jakoby to byl konec jejich života, protože si myslí, že nejsou dost dobří. Myšlenka, přesvědčení v nich jim řeklo, že toho nejsou hodní.

Lidé, kteří žárlí nebo závidí, nejsou dostatečně dobří.

Musíte si sami sebe dostatečně vážit, abyste si každý den našli čas pracovat na sobě. Zapojit se do něčeho, co vám zajistí pozitivní pohled na svět. To samozřejmě neznamená, že život bude náhle dokonalý. Objeví se tytéž životní výzvy, ale pokud je vaše mysl silná a klidná, vaše reakce na životní výzvy bude odlišná. Vaše reakce bude: „Jak to mohu udělat?" A ne: „Proč se to děje právě mně?"

A pak se na vás ostatní budou dívat ne s lítostí, ale s nadějí, protože vaše síla se stane jejich nadějí, jejich silou.

Opravdu můžete být tak silní.

Můžete změnit příběh oběti, můžete zanechat bolest a soustředit se na to, jak zareagujete příště. Jak budete reagovat pozitivně.

Čtěte, aby se vaše mysl dostala na pozitivní místo. Udělejte takové kroky, abyste zajistili, že příště budete v lepší pozici – ať už je vaše utrpení jakékoliv – jak zajistíte, že se znovu neobjeví.

Udělejte malé kroky… A brzy budete nahoře.

Nevzdávejte se.
Jste toho hodni.
Jste toho více než hodni!

Zasloužíte si prožít život takový, jaký může být –
dlužíte to světu, být pozitivní změnou pro ostatní.
Inspirovat ostatní, kteří se na vás podívají a
řeknou si: udělal/a to, tak to můžu udělat taky.

DOKÁŽETE TO

Když chcete skončit… Vzpomeňte si na ty, kteří říkali, že to nedokážete.
Když se chcete vzdát… Vzpomeňte si, proč jste začali.

Když chcete skončit… Vzpomeňte si, pro co všechno to děláte.

Když chcete skončit… Uvědomte si, že bolest je dočasná, ale Vaše velikost je věčná.

Když chcete skončit… Nezapomeňte, že bolest, kterou dnes cítíte, bude zítra nahrazena silou, kterou potřebujete. Pamatujte, že bolest, kterou cítíte, pomáhá vybudovat Vaše silnější já, silnější tělo, silnější mysl a silnější charakter.

Nenechte bolest, aby Vás zastavila. Dovolte jí, aby Vám pomohla růst.

Když chcete skončit… Vzpomeňte si, proč jste začali… Nahlédněte do svého vnitřního já… Jste silnější, než si myslíte… Nejste slabí, víte, jaké je se tak cítit… Ale také víte, jak těžce bojovat.

Cokoliv se děje ve Vašem životě, nedovolíte bolesti, aby Vás zastavila.

Ať už budete čelit jakémukoliv boji, můžete to změnit.

Vzpomeňte si na ty, kteří říkali, že to nedokážete, a využijte toho k zažehnutí Vašeho plamene.

Možná se teď necítíte dobře, ale myslete na to, že nejste stejní!

Možná se necítíte dobře, ale to neznamená, že

jste mimo.

Možná se necítíte dobře, ale to neznamená, že jste byli vyhozeni.

Postavte se! Podívejte se do zrcadla a změňte svůj pohled.

Tohle je Vaše nové já, Vaše silnější verze.
Vraťte se k tomu, co jste začali… Držte se své cesty!

Pamatujte, že klíčem k úspěchu je konzistence.
Čím těžší je bitva, tím sladší je vítězství.
Vzpomeňte si, proč jste začali.
Přemýšlejte o tom každé ráno.
Dokážete to i přes veškeré těžkosti.
Pokud do toho vložíte celé své srdce.

Takže vzpomeňte si, proč jste začali.
Přemýšlejte o tom každé ráno.
Dokážete to i přes veškeré těžkosti.

Pokud do toho vložíte celé své srdce.

Neušli jste tak dalekou cestu, abyste teď skončili.
A i když je svět proti Vám, přesto to můžete zvládnout.

Neušli jste tak dalekou cestu, abyste teď skončili.
Vraťte se k tomu, co jste začali, a udělejte další krok.

Máte pochybovače, abyste dokázali, že se mýlí!
Máte sny, na kterých Vám záleží.
Nenechte je nenaplněné.

Takže to, na čem pracujete…

Pokud opravdu nemůžete pokračovat, nechte někoho jiného, aby zaujal Vaše místo.

Jděte tvrdě! Žádné výmluvy!
Pracujte tvrdě! Žádné výmluvy!
Je to příliš těžké? Žádné výmluvy!

Jste příliš stresovaní? Žádné výmluvy!
Jste příliš unavení? Žádné výmluvy!
Je to příliš těžké? Žádné výmluvy!

Toto je Vaše nové já, jeho silnější verze.
Vraťte se k tomu, co jste začali… Držte se své cesty.

Pamatujte, že klíčem k úspěchu je konzistence.
Čím těžší je bitva, tím sladší je vítězství.

Vzpomeňte si, proč jste začali.
Přemýšlejte o tom každé ráno.
Dokážete to i přes veškeré těžkosti.
Pokud do toho vložíte celé své srdce.

Takže vzpomeňte si, proč jste začali.
Přemýšlejte o tom každé ráno.
Dokážete to i přes veškeré těžkosti.
Pokud do toho vložíte celé své srdce.

Nic zvláštního se nestane, pokud skončíte.

Vím, že to je těžké.
Vím, že jste unavení.
Vím, že se to zdá být nemožné, ale musíte jít dál.
Držte se své cesty… A získáte odměnu!

MUSÍTE SI VĚŘIT

Co to je, že nevěříme v sebe?
Jakmile je náš život těžší, začínáme o sobě pochybovat.
Myslíme si, že to nezvládneme.
Představujeme si stresující a znepokojující věci, které se mohou pokazit.

Potřebujeme pochopit, že naše mysl je nejsilnějším nástrojem, který vlastníme, stejně tak ale může být i nejdestruktivnější.
Musíme se naučit převzít kontrolu nad tím, kterým směrem se ubírá naše mysl a emoce.

Vaše mysl Vám poskytuje Vaše největší životní výzvy, protože je tak silná.
Takže pokud si podmaníte mysl, můžete si

doslova podmanit cokoliv kolem sebe.

Při psaní Vašeho životního příběhu se ujistěte,
že držíte pero.
Ujistěte se, že scénář, který píšete, je od srdce.
Buďte odvážní, je to Váš příběh a neexistují
žádné hranice v tom, co můžete mít, co můžete
udělat nebo co můžete být.

Jak moc to chcete?
Musíte zjistit, že to opravdu chcete.
Když se naučíte podmanit si svou mysl, už
nebude schopna říkat ne, protože Vaše srdce a
mysl budou vyrovnané a od tohoto okamžiku
Vás nebude moct nic zastavit.

Je snadné být pozitivní, když se vše odehrává
podle Vašich představ. Ale to není život, není to
reálné.

Budete jedním z mála, kdo se postaví, když věci
nejdou podle představ, když je všechno proti

Vám.
Budete schopni věřit v to, co je správné a co přináší výsledky ve Vašem životě.
Tak to vypadá, když září Vaše osobnost.
Tak to vypadá, když se zrodí Váš příběh.
Váš příběh, který je cenný.
Je to Váš příběh úspěchu.

Nemůžete napsat svůj životní příběh, pokud to vzdáte.
Svět je plný lidí, kteří se vzdali.
Svět potřebuje naději.
Svět potřebuje Vaše odhodlání postavit se výzvě v těžké chvíli,
abyste zářili v temný časech,
abyste milovali prostřednictvím nenávisti,
abyste byli příkladem ve lhostejném světě,
abyste věřili v sebe!

Většina lidí je přeplněna běžnými myšlenkami a přesvědčeními.
Jsou tak plní průměrnosti, že už nemají chuť.

Ale Vy musíte mít chuť na neobyčejné, na to, co je mimo dělání a myšlení většiny.

Vždycky budou pochybovači a lidi, kteří se Vás budou snažit srážet, aby se cítili povýšeni, Vy však musíte zůstat sami sebou.

Mějte pevnou důvěru ve svou mysl, i když to bude znamenat vidět světlo na konci tunelu. Pak jednoho dne přijde Vaše chvíle, protože cokoliv je možné, pokud věříte.

Naplňte své sny.

Pokud trpíte kvůli neúspěchům nebo bolesti, povstaňte s nebývalou odolností znova a znova a znova, dokud své sny nenaplníte.

Jednoho dne Vám tento svět poklepe na rameno a řekne: „Tohle je Váš čas zazářit."
Můžete udělat cokoliv, co chcete, musíte jen věřit.

SEBEVĚDOMÍ

Sebevědomý člověk nevchází do místnosti s myšlenkou, že je lepší než ostatní.
Vchází s vědomím, že se nemusí srovnávat s nikým dalším.

Srovnáváte-li se s další osobou – to není přirozená potřeba – ve skutečnosti neexistuje myšlenka na srovnávání – neexistuje konkurence ze strany jiné osoby. Nejste více ani méně než ostatní.
To je sebevědomí.

Když naleznete své místo v životě.
Kde neexistuje srovnání.
Kde jste dostatečně dobří.
Nikoliv pro ostatní, ale pro sebe.

To je sebevědomí.

Možná to nevíte, ale právě teď můžete být
dostatečně dobří.
Protože právě teď jste dostatečně dobří.

Možná budete muset změnit myšlení.
Sebevědomí se může rozvinout mnoha způsoby.
Můžete začít s fyziologií, Vaší polohou těla.
Kdybych se zeptal, jak vypadá sebevědomá
osoba, byli byste schopni mi odpovědět?
Samozřejmě, že ano.

Vypadá silně a sebejistě.
Záda má vzpřímená a rovná.
Ramena jsou nahoře.
Upřednostňuje přímý oční kontakt s hlavou
vzpřímenou.

Plachý a introvertní člověk by mohl říci: dobře,
to je pro extrovertní osobnosti, ale já nikdy
nebudu sebevědomý.

Každý může rozvinout sebevědomí.
Někteří na něm možná budou muset pracovat
tvrději než jiní, neboť se většinu svého života
vyrovnávají s nedostatkem sebevědomí.
Nicméně každý může rozvinout sebevědomí.

Dokonce i většina plachých lidí má chvíle,
kdy nejsou tak plaší. Jakmile jsou kolem lidé,
kterým věří, například rodina, přátelé nebo
jejich partner, jsou zcela sami sebou.
Takže plachost je selektivní. To znamená, že
sebevědomí může být trvalé, pokud se vědomě
rozhodnete být takovou osobou, která dělá věci,
nikoliv proto, že je v blízkosti těch, kterým
věří, ale po celou dobu.

Být sebevědomý neznamená, že jste hlasití.
Nejde o to, aby si Vás druzí všimli.
Naopak, je známo, že jste skvělí a není nutné,
aby to bylo vidět.
Je to tichý vítěz.

Je to pokorný šampion.
Pokud Vám chybí sebevědomí, můžete se změnit. Pokud Vám cokoliv chybí – můžete se změnit.

V životě můžete mít cokoliv včetně radikální změny osobnosti, pokud jste odhodláni najít odpovědi.

Odemkněte svojí nepřekonatelnou verzi, Vaše skutečné já plné sebevědomí a čisté pozitivní energie. Odemkněte sílu svého autentického já ještě dnes.

DEPRESE

Žijeme ve zvláštní době. Lidé, kteří mají nejvíce, cítí, že mají nejméně.

Lidé, kteří mají nejvíce důvodů být šťastní, vypadají, že mají nejméně štěstí.

Proč se to děje? Je to proto, že máme tendenci se srovnávat? Je to proto, že se snažíme srovnávat s každým, kdo má v tomto světě sociálních sítí, ve kterém žijeme, více? Je to proto, že se nikdy necítíme spokojeni, protože někdo další vždy bude lepší v nějaké oblasti?

Nikdy se nesrovnávejte s ostatními.

Nezáleží na tom, jak jste skvělí, pokud nejste

vděční za to, kdo jste a co máte, nikdy nebudete šťastní.

Vždycky bude někdo, kdo má více peněz než Vy, vždycky bude někdo, kdo bude dělat věci lépe než Vy, vždycky bude někdo, kdo bude vypadat lépe než Vy…

Pokud se srovnáváte, naopak tím ztrácíte.

Jedna věc, kterou ostatní lidé nikdy nebudou mít, je ta, že nejsou Vámi.

Vaší největší výhodou je, že jste jedineční.

Máte svobodu být takoví, jací jste, to je nejlepší způsob, jak žít.

Čím méně se staráte o to, co o Vás druzí říkají, tím jste šťastnější.

Neštěstí a deprese přicházejí, když se zaměřujete

na to, co nemáte.

Namísto toho, pokud oceňujeme to, co máme, a zaměřujeme se na to, kde chceme být, můžeme se cítit lépe téměř neustále.

Ocenění a vděčnost jsou nejsilnější cestou, jak se dostat z deprese a podobných stavů mysli.

Není možné zároveň cítit vděčnost a negativitu. Pokud říkáte, že to je možné, pak necítíte vděčnost. Možná říkáte, že jste vděční, ale necítíte to tak, protože jak ukazuje věda, vděčnost a deprese nejdou dohromady.

Další důležitá zásada, která pomáhá mnohým, jež trpí depresí nebo úzkostí, je tato:
Lidé téměř jistě nejsou v depresi nebo netrpí úzkostí 100 % času. Mají takzvanou selektivní depresi nebo selektivní úzkost, nevědomě zvolenou.

I když mohou být krátké, existují chvíle smíchu, pocitu naděje z budoucnosti, krátké chvíle štěstí, lásky nebo jen příjemných pocitů. Není to vědomá volba, je to spíše něco, co přichází díky spouštěči nebo životnímu přesvědčení.

„Mohu být pouze šťastný, pokud se něco stane v mém životě."

Mít očekávání jako: „Mohu být pouze šťastný, pokud…" vždy zajistí pocit neštěstí, protože život vždy bude nabízet výzvy a překážky na Vaší cestě.

Uvědomte si to, pak pochopíte, že deprese a úzkost nemusí být trvalé.

Když budete vědět, jak funguje Váš mozek a mysl, můžete zjistit, proč se necítíte dobře, a poté můžete nasměrovat Vaše soustředění na něco dlouhodobě mnohem lepšího.

Potřeba se srovnávat může být velký problém, zejména v těchto dnech s nárůstem počtu sociálních sítí a úžasných filtrů, které Vás snadno dokážou změnit na cokoliv, co chcete. Nutí nás to pak přehánět, abychom mohli vypadat lépe a zanechali všechno negativní a to, co opravdu způsobuje bolest.

Nejšťastnější lidé na Zemi se vůbec neporovnávají s ostatními. Žijí si svůj život a jsou šťastní, že ostatní že ostatní si také žijí po svém.

Šťastní lidé nemají ze všeho to nejlepší… dělají to nejlepší z toho co mají. Věci se nikdy nedějí podle plánu. To je život a ne film.

To, jak budete reagovat na to, jak se věci dějí, určí kvalitu Vašeho života.

Myslíte si, že v historii lidstva byste našli člověka, který byl nadmíru deprivovaný, ale přesto se mu podařilo to změnit a vytvořit si úžasný život?

Samozřejmě, že ano.

Pravdou je, že to, co cítíte v průběhu deprese, vychází z Vašich myšlenek o současné životní situaci nebo situacích. Nikoliv události, ale Vaše myšlenky o událostech.

Změňte své myšlenky a změníte svůj život. Využijte to, jak se cítíte, k většímu prospěchu. Klíčem k překonání deprese není soustředit se na ni. To je to, co většina lidí dělá, a důvod, proč deprese nemizí.

Místo toho byste se měli zaměřit na to, kde chcete být.

Zaměřte se na pocity, které chcete cítit.

Zaměřte se na osobnost, kterou se chcete stát, a

pracujte na tom, co je třeba, abyste se takovou osobností mohli stát.

Představte si sami sebe tak, jak byste se cítili, kdyby vše bylo podle Vašich představ.

Jedním z nejrychlejších způsobů k překonání deprese je vytvořit si přesvědčivou představu o budoucnosti, najít vyšší smysl ve svém životě. Pokud jste skutečně nadšení ze své budoucnosti, nemůžete být nešťastní, můžete nechat být cokoliv, co si nesete z minulosti.

Jde o to, že vědomí smysluplné budoucnosti nás udržuje v chodu. To, co nás může zmást, je, když máme pocit, že nemáme budoucnost.

Nastavte si smysluplné cíle, abyste mohli pracovat na tom, co je pro Vás vzrušující. Nepřipoutávejte se k výsledkům nebo získávání materiálních věcí, buďte nadšení z toho, kým se stanete, jak se budete rozvíjet a komu budete

schopni pomoci v důsledku toho, že vytvoříte
svůj úžasný život.

Kdo bude mít prospěch z toho, že žijete
šťastnější život?

Kdo bude mít prospěch z toho, že jste příkladem
pro ostatní?

DLUŽÍTE SI TO

Možná někdy míváte pocit, že něco ve vašem životě chybí. A od tohoto okamžiku začínáte hledat. A i když dosáhnete svých cílů, přesto nemáte pocit, že jste našli ten chybějící článek. A tak pokračuje Vaše hledání. Přijde okamžik, ve kterém zjišťujete, že to, co skutečně chybí, jste Vy, Vaše úžasné a jedinečné já. Celou dobu jste měli pozornost upřenou na vnější okolnosti, nikoliv na sebe. Ten pocit, kdy se cítíte naplnění, a víte, že jste toho zdrojem Vy sami. Je to Vaše úžasné a jedinečné já. Nemáte o něm pochyby, je bohaté, s nevyčerpatelnou a neomezenou představivostí.

Víte, že to sobě dlužíte, vynaložili jste tolik úsilí ve svém hledání a teď se můžete zastavit a vydechnout, uvolnit napětí a dát neomezený prostor své úžasné jedinečnosti.

Někteří říkají, že je to sobecké. Někteří by mohli říci, že to, co dlužíte své rodině, je to, abyste tam byli pro ně. To, co ve skutečnosti dlužíte své rodině je, abyste se stali příkladem. Příkladem někoho, kdo žije život, který chce žít. Silný příklad silné lidské bytosti. Dlužíte to každému, koho milujete, abyste ukázali příklad toho, jak vypadá úžasný a jedinečný život. Takže pak mohou následovat Vaše kroky.

Sebepodceňování. Končí s Vámi. Přijímat průměr. Končí s Vámi. Síla. Odvaha. Odhodlání a krásný život… To s Vámi naopak začíná!

Nemůžete pomoct druhému, dokud si nepomůžete sami. Jakmile se stanete silnými, tato síla se dostane ke všem ostatním. Budou Vámi inspirováni, budou následovat Váš příklad.

Někteří říkají, že soustředit se na sebe je sobectví. Možná je ale sobecké spíše usadit se a žít průměrný život, který nenávidíte! Opakujeme to po mnoho generací, dokud někdo neřekne dost. Jsem více než to.

Dlužíte to sobě, abyste zjistili, jak dalece můžete jít ve svém životě.
Dlužíte to sobě, abyste získali peníze, které chcete vydělat.
Dlužíte to sobě, abyste byli takovou osobou, kterou chcete být.

Cítit energii, kterou chcete cítit. Mít tělo, které chcete mít, chodit do práce, kterou víte, že jste schopni dělat.

Dlužíte to sobě, abyste mohli být na sebe hrdí, že jste si zařídili život podle sebe. Možná jste neměli štěstí. Možná jste pracovali tvrdě. Možná jste se obětovali. A když to bylo těžké, o to více jste o to usilovali.

Dlužíte to sobě, abyste cítili tu hrdost.
Dlužíte to sobě, abyste se jednoho dne ohlédli a řekli si, že to byl ten okamžik.

Ten okamžik, kdy jste řekli „dost"!
Ten okamžik, kdy jste řekli „žádné výmluvy"!
Ten okamžik, kdy jste řekli „nikdy více"!
Nikdy více budete cítit v životě prázdnotu.
Rozhodli jste se pracovat, učit se a ptát.
Nezastavíte se kvůli překážkám.
Nezastavíte se kvůli neúspěchům.
Vydržíte, dokud nevyhrajete!

Dlužíte to sobě.
Nikomu jinému…

Děláte to pro sebe.
Vidíte, že si hodně dlužíte.
Dlužíte si úžasnou jedinečnost.
Dlužíte ji sobě.

www.ingramcontent.com/pod-product-compliance
Lightning Source LLC
LaVergne TN
LVHW021945060526
838200LV00042B/1927